WIE MAN EINEN GESCHÄFTSPLAN UND EINEN VORSCHLAG SCHREIBT

Eine Kurzanleitung zum Fangen "JA" der Investoren

Ken Pascal

© 2024 Ken Pascal

Alle Rechte vorbehalten.

Kein Teil dieses Buches darf ohne vorherige schriftliche Genehmigung des Herausgebers in irgendeiner Form reproduziert werden, sei es durch grafische, visuelle, elektronische, Film-, Mikrofilm-, Tonbandaufzeichnungen oder andere Mittel, außer im Falle kurzer Passagen, die in enthalten sind Kritische Rezensionen und Artikel.

Die hier geäußerten Meinungen und Ansichten gehören ausschließlich dem Autor.

Die Genehmigung der Verwendung von Quellen, Grafiken und Fotos liegt ebenfalls ausschließlich in der Verantwortung des Autors.

Inhalt

Inhalt	2
Einführung	5
DIE BÜHNEN FÜR DEN ERFOLG SCHAFFEN	5
Kapitel eins	7
DIE WICHTIGKEIT EINES GESCHÄFTSPLANS VERSTEHEN	7
Kapitel Zwei	15
ERSTELLEN SIE IHREN GESCHÄFTSPLAN: SCHRITT-FÜR-SCHRITT-ANLEITUNG	15
Kapitel drei	25
EINE ÜBERZEUGENDE ZUSAMMENFASSUNG SCHREIBEN	25
Kapitel Vier	31
Erstellen eines überzeugenden Geschäftsvorschlags	31
Kapitel fünf	39
VERBESSERN SIE IHREN GESCHÄFTSPLAN MIT VIRTUELLEN UND ANHÄNGEN	39
Kapitel sechs	46
Verfeinern Sie Ihren Geschäftsplan: Tipps für den Erfolg	46
Abschluss	52
Den Deal abschließen und den Anlageerfolg sichern	52

„Erfolg hat derjenige, der es wagt, zu träumen, akribisch zu planen und unermüdlich umzusetzen."

Tony Robbins

„Erfolg wird nicht an den erreichten Höhen gemessen, sondern an den Hindernissen, die man auf dem Weg überwindet."

Anita Roddick

Einführung

DIE BÜHNEN FÜR DEN ERFOLG SCHAFFEN

Willkommen beim ultimativen Leitfaden zum Verfassen eines Geschäftsplans und -vorschlags, der Investoren fesselt und Ihr Unternehmen zum Erfolg führt. In der heutigen wettbewerbsintensiven Geschäftslandschaft ist ein gut ausgearbeiteter Geschäftsplan nicht nur ein Dokument – er ist Ihr Fahrplan, um sich die Unterstützung und die Investitionen zu sichern, die Sie benötigen, um Ihre Träume in die Realität umzusetzen.

In diesem umfassenden Leitfaden befassen wir uns mit den Feinheiten der Erstellung eines Geschäftsplans und -vorschlags, der nicht nur Ihre Vision und Strategie umreißt, sondern auch direkt die Herzen und

Gedanken potenzieller Investoren anspricht. Vom Verständnis des grundlegenden Zwecks eines Geschäftsplans bis zur Beherrschung der Überzeugungskunst in Ihrem Vorschlag ist jedes Kapitel sorgfältig gestaltet, um Sie mit dem Wissen und den Werkzeugen auszustatten, die Sie benötigen, um das „Ja" der Investoren zu gewinnen.

Egal, ob Sie ein angehender Unternehmer mit einer bahnbrechenden Idee oder ein etabliertes Unternehmen sind, das Expansion und Wachstum anstrebt, begleiten Sie uns auf dieser transformativen Reise, während wir die Geheimnisse der Ausarbeitung eines Geschäftsplans und eines Geschäftsvorschlags lüften, die Sie auf den Weg zum Erfolg führen. Lassen Sie uns gemeinsam den Grundstein für eine Zukunft voller Chancen, Innovationen und unbegrenztem Potenzial legen.

Kapitel eins

DIE WICHTIGKEIT EINES GESCHÄFTSPLANS VERSTEHEN

In der dynamischen und sich ständig weiterentwickelnden Landschaft des Unternehmertums kann die Bedeutung eines gut ausgearbeiteten Geschäftsplans nicht genug betont werden. Dieses Kapitel dient als umfassender Leitfaden zum Verständnis der Bedeutung eines Geschäftsplans und beschreibt dessen Zweck, Vorteile und Schlüsselkomponenten.

1.1 Definieren des Zwecks und der Vorteile eines Geschäftsplans

Das Herzstück jedes erfolgreichen Geschäftsvorhabens ist ein sorgfältig ausgearbeiteter Geschäftsplan. Doch was genau ist ein Businessplan und warum ist er für den unternehmerischen Erfolg unerlässlich?

Ein Geschäftsplan ist ein strategisches Dokument, das die Ziele, Strategien und Aktionspläne für ein Unternehmen darlegt. Es dient als Fahrplan, der Unternehmer durch die verschiedenen Phasen der Geschäftsentwicklung führt und eine klare Richtung für die Erreichung ihrer Ziele vorgibt.

Einer der Hauptzwecke eines Geschäftsplans besteht darin, den Stakeholdern, einschließlich Investoren, Partnern und Mitarbeitern, die Vision und Mission des Unternehmens zu vermitteln. Durch die Formulierung der Unternehmensziele, des Zielmarkts, des Wettbewerbsvorteils und der Wachstumsstrategie schafft ein Geschäftsplan Vertrauen bei den Stakeholdern und schafft Vertrauen in die Rentabilität und das Potenzial des Unternehmens.

Darüber hinaus dient ein gut ausgearbeiteter Geschäftsplan als umfassender Plan für die effektive Führung und den Betrieb des Unternehmens. Es bietet einen Rahmen für die Entscheidungsfindung, Ressourcenzuweisung und Leistungsbewertung und hilft Unternehmern, bei der Bewältigung der Komplexität des Unternehmertums konzentriert und verantwortungsbewusst zu bleiben.

Die Vorteile eines Businessplans sind vielfältig. Erstens zwingt es Unternehmer dazu, gründliche Marktforschung und -analyse durchzuführen, wodurch sie Einblicke in Branchentrends, Kundenbedürfnisse und Wettbewerbsdynamik gewinnen können. Mit diesem Wissen können Unternehmer fundierte Entscheidungen treffen und Strategien entwickeln, die auf die Marktanforderungen und -chancen abgestimmt sind.

Zweitens erleichtert ein Geschäftsplan die strategische Planung und Zielsetzung und versetzt Unternehmer in die Lage, klare Ziele zu setzen und umsetzbare Strategien zu deren Erreichung zu definieren. Durch die Festlegung messbarer Ziele und Meilensteine können Unternehmer ihre Fortschritte verfolgen, Verbesserungsmöglichkeiten identifizieren und ihre Strategien entsprechend anpassen.

Darüber hinaus ist ein Geschäftsplan ein wirksames Instrument zur Gewinnung von Investitionen und zur Sicherung der Finanzierung. Investoren und Kreditgeber verlassen sich auf Geschäftspläne, um die Machbarkeit und das Potenzial eines Geschäftsvorhabens zu beurteilen und dabei Faktoren wie Marktchancen, Umsatzprognosen und Risikominderungsstrategien zu bewerten. Ein gut ausgearbeiteter Geschäftsplan kann die Glaubwürdigkeit und Attraktivität eines Unternehmens für potenzielle Investoren erheblich steigern und die Wahrscheinlichkeit erhöhen, dass eine Finanzierung zur Förderung von Wachstum und Expansion gesichert wird.

Zusammenfassend lässt sich sagen, dass Zweck und Nutzen eines Businessplans vielfältig sind. Von der Bereitstellung eines Fahrplans für die Geschäftsentwicklung über die Gewinnung von

Investitionen bis hin zur Orientierung bei der Entscheidungsfindung ist ein gut ausgearbeiteter Geschäftsplan für den unternehmerischen Erfolg unverzichtbar.

1.2 Identifizierung wichtiger Stakeholder und Zielgruppen

Ein entscheidender Aspekt bei der Entwicklung eines Geschäftsplans ist die Identifizierung der wichtigsten Stakeholder und Zielgruppen, die vom Erfolg des Unternehmens betroffen sind oder ein begründetes Interesse daran haben. Zu diesen Stakeholdern können Investoren, Kreditgeber, Partner, Mitarbeiter, Kunden, Lieferanten, Aufsichtsbehörden und die breitere Gemeinschaft gehören.

Jede Interessengruppe hat einzigartige Interessen, Bedenken und Erwartungen in Bezug auf das Geschäftsvorhaben, und es ist wichtig, den Geschäftsplan so anzupassen, dass er effektiv auf ihre spezifischen Bedürfnisse und Interessen eingeht.

Für Investoren und Kreditgeber kann der Fokus auf der finanziellen Tragfähigkeit und der potenziellen Kapitalrendite des Vorhabens liegen. Daher sollte der Geschäftsplan detaillierte Finanzprognosen enthalten, einschließlich Umsatzprognosen, Ausgabenbudgets, Cashflow-Rechnungen und Break-Even-Analysen, um die Rentabilität und Nachhaltigkeit des Unternehmens nachzuweisen.

Partner und Lieferanten könnten daran interessiert sein, das Wertversprechen und den Wettbewerbsvorteil des Unternehmens sowie das Potenzial für Zusammenarbeit und für beide Seiten vorteilhafte Partnerschaften zu verstehen. Der Geschäftsplan sollte die Alleinstellungsmerkmale des Unternehmens hervorheben, wie z. B. Produktdifferenzierung, Marktpositionierung und proprietäre Technologie oder geistiges Eigentum, um potenzielle Partner und Lieferanten anzulocken.

Mitarbeiter und potenzielle Neueinstellungen könnten an der Kultur, den Werten und den Wachstumschancen des Unternehmens interessiert sein. Der Geschäftsplan sollte die Mission, Vision und Grundwerte des Unternehmens sowie sein Engagement für die Entwicklung, Schulung und berufliche Weiterentwicklung der Mitarbeiter darlegen, um Top-Talente anzuziehen und zu halten.

Kunden und Zielmarktsegmente sind möglicherweise am Wertversprechen, den Produktangeboten und dem Kundenerlebnis des Unternehmens interessiert. Der Geschäftsplan sollte die Zielmarktsegmente klar definieren, Kundenbedürfnisse und -präferenzen identifizieren und die Strategien zur Kundengewinnung und -bindung skizzieren, wie z. B. Marketing- und Vertriebsinitiativen, Kundendienstrichtlinien und Produktinnovationsbemühungen.

Aufsichtsbehörden und die breitere Öffentlichkeit sind möglicherweise an den ökologischen und sozialen Auswirkungen des Unternehmens sowie an der Einhaltung relevanter Gesetze, Vorschriften und ethischer Standards interessiert. Der Geschäftsplan sollte auf diese Bedenken eingehen, indem er das Engagement des Unternehmens für soziale Verantwortung, Nachhaltigkeit und ethische Geschäftspraktiken sowie seine Pläne zur Einhaltung gesetzlicher Vorschriften und zum Risikomanagement darlegt.

Durch die Identifizierung und das Verständnis der wichtigsten Stakeholder und Zielgruppen für den Geschäftsplan können Unternehmer ihre Messaging- und Kommunikationsstrategien so anpassen, dass sie effektiv auf die Bedürfnisse und Interessen jeder Gruppe eingehen und darauf eingehen, wodurch die Wahrscheinlichkeit erhöht wird, dass das Unternehmen akzeptiert und unterstützt wird.

1.3 Klare Ziele und Ziele setzen

Im Mittelpunkt der Entwicklung eines Geschäftsplans steht die Festlegung klarer und umsetzbarer Ziele und Vorgaben für das Unternehmen. Ziele geben einen Sinn für Richtung und Zweck und leiten Unternehmer auf dem Weg zum Erreichen ihrer gewünschten Ergebnisse, während Ziele als messbare Ziele dienen, die Fortschritt und Erfolg auf dem Weg anzeigen.

Bei der Festlegung von Zielen und Vorgaben für ein Unternehmen ist es wichtig sicherzustellen, dass diese SMART sind: spezifisch, messbar, erreichbar, relevant und terminiert. Spezifische Ziele sind klar und klar definiert und lassen keinen Raum für Unklarheiten oder Fehlinterpretationen. Messbare Ziele sind quantifizierbar und können anhand wichtiger Leistungsindikatoren oder Metriken verfolgt werden. Erreichbare Ziele sind angesichts der Ressourcen, Fähigkeiten und Einschränkungen des Unternehmens realistisch und liegen im Bereich des Möglichen. Relevante Ziele sind auf die allgemeine Mission, Vision und strategischen Prioritäten des Unternehmens abgestimmt und tragen so zu dessen langfristigem Erfolg und seiner Nachhaltigkeit bei. Zeitgebundene Ziele haben einen definierten Zeitrahmen oder eine Frist für die Fertigstellung und vermitteln ein Gefühl der Dringlichkeit und Verantwortlichkeit.

Bei der Entwicklung eines Geschäftsplans sollten Unternehmer sowohl kurzfristige als auch langfristige Ziele festlegen, die verschiedene Aspekte des Geschäfts umfassen, darunter finanzielle Leistung, Marktanteil, Kundenzufriedenheit, Produktinnovation, betriebliche Effizienz und Mitarbeiterengagement. Diese Ziele sollten mit der Mission, Vision und den Grundwerten des Unternehmens im Einklang stehen und seine übergeordneten Bestrebungen und strategischen Prioritäten widerspiegeln.

Zu den finanziellen Zielen können Umsatzziele, Gewinnmargen, Kapitalrendite und Cashflow-Ziele gehören, während sich marktbezogene Ziele auf Marktanteile, Kundenakquise, Markenbekanntheit und Wettbewerbspositionierung konzentrieren können. Zu den operativen Zielen können die Verbesserung der Produktivität, die Reduzierung der Kosten, die Rationalisierung von Prozessen sowie die Verbesserung von Qualität und Kundenservice gehören. Mitarbeiterbezogene Ziele können Einstellungs- und Bindungsziele, Schulungs- und Entwicklungsinitiativen sowie Leistungsmanagementziele umfassen.

Durch die Festlegung klarer und umsetzbarer Ziele und Vorgaben können Unternehmer einen Fahrplan für den Erfolg erstellen, der ihre Handlungen und Entscheidungen leitet und den Fortschritt in Richtung der gewünschten Ergebnisse misst. Ziele sorgen für Motivation und Konzentration und helfen Unternehmern, auf dem richtigen Weg zu bleiben und Hindernisse zu überwinden, während sie ihre unternehmerischen Träume verwirklichen.

Zusammenfassend kann nicht genug betont werden, wie wichtig es ist, den Zweck und die Vorteile eines Geschäftsplans zu verstehen, die wichtigsten Stakeholder und Zielgruppen zu identifizieren und klare Ziele zu setzen. Diese Grundelemente bilden die Bausteine eines erfolgreichen Geschäftsplans und leiten Unternehmer bei der strategischen Entscheidungsfindung, der Einbindung von Stakeholdern und der Zielerreichung. Wenn sich Unternehmer mit einer klaren Vision, einer klar definierten Strategie und der Verpflichtung zu Spitzenleistungen auf die Reise des Unternehmertums begeben, ebnen sie den Weg für zukünftigen Erfolg und Wohlstand.

Kapitel Zwei

ERSTELLEN SIE IHREN GESCHÄFTSPLAN: SCHRITT-FÜR-SCHRITT-AN LEITUNG

Der Beginn der unternehmerischen Reise erfordert sorgfältige Planung und strategische Weitsicht. In diesem Kapitel befassen wir uns Schritt für Schritt mit der Erstellung eines umfassenden Geschäftsplans, der den Grundstein für den Erfolg legt. Von der Durchführung von Marktforschung und der Definition Ihres Geschäftsmodells bis hin zur Prognose von Finanzdaten und der Einbindung von Risikomanagement vermittelt Ihnen jeder Abschnitt dieses Leitfadens das Wissen und die Tools, die Sie zur Erstellung eines robusten und umsetzbaren Geschäftsplans benötigen.

2.1 Durchführung von Marktforschung und -analyse

Bevor Sie sich kopfüber in Ihr Geschäftsvorhaben stürzen, ist es wichtig, ein tiefes Verständnis der Marktlandschaft zu erlangen, in der Sie tätig sein werden. Durch die Durchführung gründlicher

Marktforschung und -analyse können Sie wichtige Trends, Chancen und Herausforderungen identifizieren, die sich auf den Erfolg Ihres Unternehmens auswirken können.

Beginnen Sie damit, Ihren Zielmarkt zu definieren und demografische Untersuchungen durchzuführen, um die Eigenschaften und Vorlieben Ihrer potenziellen Kunden zu verstehen. Analysieren Sie Branchentrends, Wettbewerbsdynamik und regulatorische Faktoren, um die Attraktivität des Marktes zu beurteilen und Chancenbereiche zu identifizieren.

Nutzen Sie eine Vielzahl von Forschungsmethoden, darunter Umfragen, Fokusgruppen, Interviews und Sekundärdatenanalysen, um Erkenntnisse zu sammeln und Ihre Geschäftsidee zu validieren. Achten Sie genau auf die Bedürfnisse, Schwachstellen und das Kaufverhalten der Kunden, um Ihre Produkte oder Dienstleistungen effektiv an die Marktnachfrage anzupassen.

Durch die Durchführung umfassender Marktforschung und -analyse können Sie fundierte Entscheidungen über Ihre Geschäftsstrategie, Preisgestaltung, Positionierung und Marketingbemühungen treffen und so die Voraussetzungen für den Erfolg in einem wettbewerbsintensiven Markt schaffen.

2.2 Definieren Ihres Geschäftsmodells und Wertversprechens

Mit einem klaren Verständnis der Marktlandschaft ist es an der Zeit, Ihr Geschäftsmodell und Ihr Wertversprechen zu definieren. Ihr Geschäftsmodell beschreibt, wie Ihr Unternehmen Werte schafft, liefert und erfasst, während Ihr Wertversprechen die einzigartigen Vorteile und Vorteile kommuniziert, die Sie den Kunden bieten.

Identifizieren Sie zunächst Ihre Zielkunden und deren Bedürfnisse und formulieren Sie dann, wie Ihre Produkte oder Dienstleistungen diese Bedürfnisse so erfüllen, dass Sie sich von der Konkurrenz abheben. Ihr Wertversprechen sollte klar, überzeugend und differenziert sein und die einzigartigen Merkmale, Vorteile und Werte hervorheben, die Ihr Unternehmen bietet.

Definieren Sie als Nächstes Ihr Geschäftsmodell, indem Sie Ihre Einnahmequellen, Kostenstruktur und Vertriebskanäle identifizieren. Berücksichtigen Sie Faktoren wie Preisstrategie, Vertriebskanäle, Partnerschaften und Ressourcenanforderungen, um sicherzustellen, dass Ihr Geschäftsmodell nachhaltig und skalierbar ist.

Indem Sie Ihr Geschäftsmodell und Ihr Wertversprechen definieren, können Sie Ihre Ressourcen, Fähigkeiten und Aktivitäten so ausrichten, dass sie den maximalen Wert für Ihre Kunden schaffen und nachhaltiges Wachstum und Rentabilität vorantreiben.

2.3 Beschreibung Ihrer Produkte oder Dienstleistungen

Im Mittelpunkt jedes Geschäftsplans steht eine detaillierte Beschreibung der von Ihnen angebotenen Produkte oder Dienstleistungen. Beschreiben Sie die Merkmale, Vorteile und Spezifikationen Ihrer Angebote und heben Sie deren Alleinstellungsmerkmale und Wertversprechen hervor.

Bieten Sie einen umfassenden Überblick über Ihren Produktentwicklungsprozess, einschließlich Forschung, Design, Fertigung und Qualitätskontrolle. Wenn Sie Dienstleistungen anbieten, beschreiben Sie den Umfang, den Prozess und die Ergebnisse Ihres Dienstleistungsangebots sowie alle besonderen Fachkenntnisse oder Qualifikationen, die Sie mitbringen.

Berücksichtigen Sie bei der Beschreibung Ihrer Produkte oder Dienstleistungen Faktoren wie Preise, Verpackung, Branding und Vertriebskanäle und stellen Sie sicher, dass sie auf die Bedürfnisse und Vorlieben Ihrer Zielgruppe abgestimmt sind.

Indem Sie Ihre Produkte oder Dienstleistungen klar darlegen, können Sie deren Wertversprechen den Kunden effektiv kommunizieren und sich von der Konkurrenz auf dem Markt abheben.

2.4 Entwicklung einer Marketing- und Vertriebsstrategie

Kein Geschäftsplan ist vollständig ohne eine solide Marketing- und Vertriebsstrategie. Ihre Marketingstrategie beschreibt, wie Sie Kunden gewinnen, binden und binden, während Ihre Vertriebsstrategie darlegt, wie Sie Leads in zahlende Kunden umwandeln und das Umsatzwachstum vorantreiben.

Beginnen Sie mit der Definition Ihrer Zielmarktsegmente und der Entwicklung von Buyer-Personas, um deren Bedürfnisse, Vorlieben und Verhaltensweisen zu verstehen. Identifizieren Sie die effektivsten Marketingkanäle und -taktiken, um Ihre Zielgruppe zu erreichen, z. B. soziale Medien, Content-Marketing, E-Mail-Marketing, Suchmaschinenoptimierung und bezahlte Werbung.

Entwickeln Sie einen umfassenden Marketingplan, der Ihre Ziele, Vorgaben, Strategien und Taktiken zur Kundengewinnung und -bindung darlegt. Berücksichtigen Sie bei der Entwicklung Ihres Marketingplans Faktoren wie Botschaften, Positionierung, Branding, Preise, Werbeaktionen und Vertriebskanäle und stellen Sie sicher, dass er auf Ihre Geschäftsziele und die Bedürfnisse des Zielmarkts abgestimmt ist.

Entwickeln Sie parallel eine Vertriebsstrategie, die Ihren Ansatz zur Generierung von Leads, zur Qualifizierung potenzieller Kunden und zum Abschluss von Verkäufen darlegt. Definieren Sie Ihren Verkaufsprozess, Ihre Vertriebsziele, Zielmetriken und Leistungskennzahlen sowie alle Sales-Enablement-Tools oder Ressourcen, die Sie zur Unterstützung Ihres Vertriebsteams verwenden.

Durch die Entwicklung einer umfassenden Marketing- und Vertriebsstrategie können Sie Ihre Zielgruppe effektiv erreichen und einbinden, die Kundengewinnung und -bindung vorantreiben und letztendlich Ihre Geschäftsziele erreichen.

2.5 Erstellen eines Betriebsplans und einer Organisationsstruktur

Hinter jedem erfolgreichen Unternehmen steht eine gut geölte Betriebsmaschine. Ihr Betriebsplan beschreibt, wie Sie Ihre Geschäftsstrategie umsetzen und Ihre Produkte oder Dienstleistungen an Kunden liefern, während Ihre Organisationsstruktur die Rollen, Verantwortlichkeiten und Berichtsbeziehungen innerhalb Ihres Unternehmens definiert.

Beginnen Sie damit, Ihre betrieblichen Prozesse und Arbeitsabläufe zu skizzieren, einschließlich Produktion, Bestandsverwaltung, Qualitätskontrolle, Kundenservice und Logistik. Identifizieren Sie wichtige Ressourcen, Lieferanten und Partner, auf die Sie sich verlassen können, um Ihre Abläufe zu unterstützen und eine reibungslose Ausführung Ihrer Geschäftsaktivitäten sicherzustellen.

Entwickeln Sie einen Personalplan, der Ihren Personalbedarf darlegt, einschließlich Einstellungs-, Schulungs- und Entwicklungsstrategien für den Aufbau und die Aufrechterhaltung eines leistungsstarken Teams. Definieren Sie die Rollen und Verantwortlichkeiten wichtiger Teammitglieder sowie alle Organisationsrichtlinien, Verfahren oder Richtlinien, die den Betrieb Ihres Unternehmens regeln.

Berücksichtigen Sie Faktoren wie Skalierbarkeit, Flexibilität und Effizienz bei der Gestaltung Ihres Betriebsplans und Ihrer Organisationsstruktur und stellen Sie sicher, dass diese sich an das Wachstum und die Reife Ihres Unternehmens anpassen und weiterentwickeln können.

Durch die Erstellung eines detaillierten Betriebsplans und einer Organisationsstruktur können Sie Ihre Geschäftsabläufe rationalisieren, die Ressourcenzuweisung optimieren und die Abstimmung zwischen Ihren Mitarbeitern, Prozessen und Zielen sicherstellen und so die Voraussetzungen für nachhaltiges Wachstum und Erfolg schaffen.

2.6 Finanzplanung und Budgetierung

Ein wichtiger Bestandteil jedes Geschäftsplans ist der Abschnitt Finanzprognosen und Budgetierung. In diesem Abschnitt werden Ihre erwarteten Einnahmen, Ausgaben und Rentabilität über einen bestimmten Zeitraum, in der Regel drei bis fünf Jahre, dargelegt und Investoren und Stakeholdern Einblick in die finanzielle Rentabilität und das Potenzial Ihres Unternehmens gegeben.

Erstellen Sie zunächst eine Umsatzprognose, die Ihren zukünftigen Umsatz auf der Grundlage von Faktoren wie

Marktnachfrage, Preisstrategie, Verkaufsvolumen und Wachstumsprognosen schätzt. Entwickeln Sie als Nächstes ein Ausgabenbudget, das Ihre voraussichtlichen Kosten in verschiedenen Kategorien darlegt, darunter Produktion, Marketing, Vertrieb, Verwaltung und Gemeinkosten.

Berücksichtigen Sie bei der Planung Ihrer Finanzdaten Faktoren wie Fixkosten, variable Kosten und einmalige Ausgaben sowie alle potenziellen Risiken oder Unsicherheiten, die sich auf Ihre Einnahmen oder Ausgaben auswirken können. Nutzen Sie historische Daten, Branchen-Benchmarks und Marktforschung, um Ihre Finanzprognosen zu untermauern und sicherzustellen, dass sie realistisch und erreichbar sind.

Berücksichtigen Sie neben Umsatz- und Ausgabenprognosen auch wichtige Finanzkennzahlen und -kennzahlen wie Bruttomarge, Nettogewinnmarge, Kapitalrendite und Break-Even-Analyse, um weitere Einblicke in die finanzielle Gesundheit und Leistung Ihres Unternehmens zu erhalten.

Indem Sie Ihre Finanzen und Budgets effektiv projizieren, können Sie die finanzielle Machbarkeit und den potenziellen Return on Investment Ihres Unternehmens nachweisen, Vertrauen bei Investoren und Stakeholdern schaffen und eine fundierte

Entscheidungsfindung und Ressourcenzuweisung erleichtern.

2.7 Einbindung von Risikomanagement- und Notfallplänen

In der unvorhersehbaren Welt des Unternehmertums ist es wichtig, potenzielle Risiken zu antizipieren und zu mindern, die den Erfolg Ihres Geschäftsvorhabens gefährden können. Beim Risikomanagement geht es darum, Risiken proaktiv zu identifizieren, zu bewerten und anzugehen, um ihre Auswirkungen zu minimieren und die Geschäftskontinuität sicherzustellen.

Führen Sie zunächst eine gründliche Risikobewertung durch, um potenzielle Bedrohungen und Schwachstellen zu identifizieren, die sich auf Ihr Unternehmen auswirken können, wie z. B. Marktvolatilität, Wettbewerbsdruck, regulatorische Änderungen, Unterbrechungen der Lieferkette und finanzielle Instabilität. Bewerten Sie die Wahrscheinlichkeit und mögliche Auswirkung jedes Risikos sowie die Fähigkeit Ihres Unternehmens, diese effektiv zu verwalten und zu mindern.

Entwickeln Sie einen Risikomanagementplan, der Ihre Strategien zur Vermeidung, Minimierung oder Reaktion auf identifizierte Risiken darlegt, einschließlich

Strategien zur Risikovermeidung, Risikoübertragung, Risikominderung und Risikoakzeptanz. Erwägen Sie die Implementierung von Schutzmaßnahmen, Protokollen und Kontrollen, um Risiken effektiv zu überwachen und zu verwalten, sowie Notfallpläne zur Bewältigung unvorhergesehener Ereignisse oder Notfälle.

Integrieren Sie Überlegungen zum Risikomanagement in Ihren Geschäftsplan und Ihre Finanzprognosen und demonstrieren Sie so Ihr Bewusstsein für potenzielle Risiken und Ihren proaktiven Ansatz bei deren Bewältigung. Indem Sie Risiken im Voraus angehen und Notfallpläne entwickeln, können Sie die Widerstandsfähigkeit und Stabilität Ihres Unternehmens verbessern, potenzielle Verluste abmildern und den langfristigen Wert und die Rentabilität Ihres Unternehmens schützen.

Zusammenfassend lässt sich sagen, dass die Erstellung eines umfassenden Geschäftsplans sorgfältige Überlegungen und strategische Planung in verschiedenen Bereichen Ihres Unternehmens erfordert. Von der Durchführung von Marktforschung und der Definition Ihres Wertversprechens bis hin zur Prognose von Finanzdaten und dem Management von Risiken ist jeder Schritt im Prozess entscheidend für den Erfolg Ihres Unternehmens. Indem Sie dieser Schritt-für-Schritt-Anleitung folgen und die bereitgestellten Tools und Erkenntnisse nutzen, können Sie einen robusten und umsetzbaren Geschäftsplan erstellen, der Sie auf den Weg zum unternehmerischen Erfolg bringt.

Kapitel drei

EINE ÜBERZEUGENDE ZUSAMMENFASSUNG SCHREIBEN

In der Welt der Geschäftsplanung ist die Executive Summary das Tor zu Ihrem Geschäftsplan – ein prägnanter und dennoch aussagekräftiger Überblick, der die Essenz Ihres Vorhabens zusammenfasst und die Leser dazu verleitet, sich tiefer mit Ihrem Vorschlag zu befassen. In diesem Kapitel erkunden wir die Kunst, eine überzeugende Zusammenfassung zu erstellen, führen Sie durch den Prozess der Destillation Ihrer Geschäftsidee, stellen wichtige Erfolge vor und heben die Marktchancen und potenziellen Wachstumsaussichten hervor.

3.1 Erfassen Sie die Essenz Ihrer Geschäftsidee

Das Herzstück jedes erfolgreichen Unternehmens ist eine überzeugende Idee – ein einzigartiges Wertversprechen, das auf ein dringendes Bedürfnis oder einen Schwachpunkt im Markt eingeht. Die Executive Summary dient als perfekte Leinwand, um die Brillanz und den Einfallsreichtum Ihrer Geschäftsidee zu präsentieren und die Aufmerksamkeit von Investoren, Stakeholdern und potenziellen Partnern auf sich zu ziehen.

Beginnen Sie damit, das Kernkonzept Ihres Unternehmens prägnant zu formulieren, das Problem oder die Chance hervorzuheben, die Sie angehen möchten, und die innovative Lösung, die Sie vorschlagen. Definieren Sie klar Ihren Zielmarkt und Ihre Kundensegmente, skizzieren Sie deren Bedürfnisse, Vorlieben und Schwachstellen und wie Ihr Produkt oder Ihre Dienstleistung diese Bedürfnisse auf eine Weise erfüllt, die Sie von der Konkurrenz abhebt.

Nutzen Sie eine prägnante und überzeugende Sprache, um das Wertversprechen Ihres Unternehmens zu vermitteln und die einzigartigen Merkmale, Vorteile und Vorzüge hervorzuheben, die Sie von der Konkurrenz unterscheiden. Zeichnen Sie ein anschauliches Bild der transformativen Auswirkungen, die Ihre Lösung auf das Leben Ihrer Kunden haben wird, und demonstrieren Sie die Marktnachfrage und das Erfolgspotenzial.

Integrieren Sie Beispiele aus der Praxis, Anekdoten oder Fallstudien, um die Wirksamkeit und Relevanz Ihrer Geschäftsidee zu veranschaulichen und konkrete Beweise für deren Machbarkeit und Wünschbarkeit zu liefern. Nutzen Sie Daten, Statistiken und

Marktforschung, um Ihre Behauptungen zu untermauern und die Marktchancen zu validieren und so Vertrauen in die Rentabilität und das Potenzial Ihres Unternehmens zu schaffen.

Indem Sie die Essenz Ihrer Geschäftsidee in der Zusammenfassung festhalten, schaffen Sie die Grundlage für einen überzeugenden und überzeugenden Geschäftsplan, der bei den Lesern Anklang findet und zum Handeln anregt.

3.2 Hervorhebung wichtiger Erfolge und Meilensteine

Neben der Darstellung Ihrer Geschäftsidee bietet die Executive Summary auch die Möglichkeit, wichtige Erfolge und Meilensteine hervorzuheben, die Ihren Fortschritt, Ihre Glaubwürdigkeit und Ihre Erfolgsbilanz belegen. Ob es darum geht, eine Finanzierung zu sichern, ein erfolgreiches Pilotprogramm zu starten oder wichtige Meilensteine in der Produktentwicklung zu erreichen, die Hervorhebung dieser Erfolge kann Ihre Glaubwürdigkeit stärken und Vertrauen bei Investoren und Stakeholdern wecken.

Fassen Sie zunächst die wichtigsten Erfolge und Meilensteine zusammen, die Ihr Unternehmen bisher erreicht hat, z. B. die Sicherung der Finanzierung, den

Abschluss von Produktentwicklungsmeilensteinen oder das Erreichen wichtiger Leistungsindikatoren. Geben Sie einen kurzen Überblick über die Fortschritte, die Sie seit der Gründung Ihres Unternehmens erzielt haben, und heben Sie alle wichtigen Erfolge oder Meilensteine hervor, die Ihre Dynamik und Fortschritte verdeutlichen.

Skizzieren Sie als Nächstes Ihre strategische Roadmap und Meilensteine für zukünftiges Wachstum und Expansion, einschließlich der wichtigsten Ziele, Vorgaben und Zeitpläne für deren Erreichung. Formulieren Sie klar Ihre Vision und Ziele für die Zukunft und skizzieren Sie Ihre Strategie zur Skalierung Ihres Unternehmens, zur Erschließung neuer Märkte oder zur Erweiterung Ihres Produktangebots.

Integrieren Sie quantitative Daten und Kennzahlen, um Ihre Erfolge und Meilensteine wie Umsatzwachstum, Kundenakquise, Produktakzeptanz oder Marktanteil zu quantifizieren. Verwenden Sie Diagramme, Grafiken oder visuelle Hilfsmittel, um Ihren Fortschritt zu veranschaulichen und die Entwicklung Ihres Unternehmens im Laufe der Zeit zu veranschaulichen.

Durch die Hervorhebung wichtiger Erfolge und Meilensteine in der Zusammenfassung zeigen Sie nicht nur Ihren Fortschritt und Ihre Glaubwürdigkeit, sondern vermitteln den Lesern auch ein klares Verständnis Ihrer Vision, Ziele und Strategie für den zukünftigen Erfolg.

3.3 Darstellung der Marktchancen und des potenziellen Wachstums

Schließlich bietet die Zusammenfassung eine Gelegenheit, die Marktchancen und potenziellen Wachstumsaussichten Ihres Unternehmens aufzuzeigen und Investoren und Stakeholdern überzeugende Argumente für Investitionen und Partnerschaften zu liefern. Indem Sie die Größe, Dynamik und das Wachstumspotenzial Ihres Zielmarkts artikulieren, können Sie die Skalierbarkeit und langfristige Rentabilität Ihres Unternehmens demonstrieren.

Geben Sie zunächst einen Überblick über die Marktlandschaft, in der Ihr Unternehmen tätig ist, einschließlich der wichtigsten Trends, Treiber und Herausforderungen, die die Branche prägen. Nutzen Sie Marktforschung, Branchenberichte und Wettbewerbsanalysen, um die Größe und das Wachstumspotenzial Ihres Zielmarkts zu quantifizieren und den Lesern ein klares Verständnis der Marktchancen zu vermitteln.

Als nächstes skizzieren Sie Ihre Go-to-Market-Strategie und Vertriebskanäle und erläutern, wie Sie Kunden effektiv erreichen und gewinnen möchten. Heben Sie alle Wettbewerbsvorteile oder Eintrittsbarrieren hervor, die Sie von der Konkurrenz abheben, und positionieren Sie Ihr Unternehmen für den Markterfolg.

Integrieren Sie Finanzprognosen und Wachstumsprognosen, um das potenzielle Aufwärtspotenzial und die Kapitalrendite für Investoren und Stakeholder zu veranschaulichen. Skizzieren Sie Ihr Umsatzmodell, Ihre Preisstrategie und Ihre Verkaufsprognosen und zeigen Sie, wie Ihr Unternehmen im Laufe der Zeit Einnahmen generieren und Rentabilität erzielen wird.

Formulieren Sie abschließend Ihre Strategie für nachhaltiges Wachstum und Expansion und skizzieren Sie Ihre Pläne zur Skalierung des Geschäfts, zur Erschließung neuer Märkte oder zur Diversifizierung Ihres Produktangebots. Bieten Sie eine überzeugende Vision für die Zukunft Ihres Unternehmens und heben Sie das Potenzial für langfristige Wertschöpfung und Vermögensbildung hervor.

Durch die Darstellung der Marktchancen und potenziellen Wachstumsaussichten in der Zusammenfassung schaffen Sie ein überzeugendes Argument für Investitionen und Partnerschaft und wecken Vertrauen und Begeisterung für das Potenzial Ihres Unternehmens.

Zusammenfassend lässt sich sagen, dass das Verfassen einer überzeugenden Zusammenfassung ein Gleichgewicht zwischen Klarheit, Kürze und Überzeugungskraft erfordert. Indem Sie die Essenz Ihrer Geschäftsidee festhalten und wichtige Erfolge hervorheben

und Meilensteine sowie die Darstellung der Marktchancen und potenziellen Wachstumsaussichten können Sie einen überzeugenden und überzeugenden Überblick erstellen, der die Voraussetzungen für den Erfolg Ihres Geschäftsplans schafft.

Kapitel Vier

Erstellen eines überzeugenden Geschäftsvorschlags

Im Bereich des Unternehmertums ist die Sicherung von Investitionen oft der Katalysator für die Umwandlung innovativer Ideen in florierende Unternehmen. Um Investoren davon zu überzeugen, ihr Kapital bereitzustellen, bedarf es jedoch mehr als nur eines vielversprechenden Konzepts – es bedarf eines überzeugenden und überzeugenden Geschäftsvorschlags, der direkt auf ihre Bedürfnisse und Erwartungen eingeht. In diesem Kapitel befassen wir uns mit der Kunst, einen überzeugenden Geschäftsvorschlag zu erstellen, erforschen die Strategien und Techniken zum Verständnis der Anlegerpräferenzen, passen Ihren Vorschlag an verschiedene Anlegertypen an, präsentieren ein starkes Wertversprechen und erstellen einen überzeugenden Investitionsvorschlag.

4.1 Die Bedürfnisse und Erwartungen der Anleger verstehen

Im Mittelpunkt jedes erfolgreichen Geschäftsvorschlags steht ein tiefes Verständnis der Bedürfnisse, Vorlieben und Erwartungen der Investoren. Bevor Sie Ihren

Vorschlag ausarbeiten, nehmen Sie sich die Zeit, Ihre Zielinvestoren zu recherchieren und zu analysieren und Einblick in deren Anlagekriterien, Risikotoleranz, Renditeerwartungen und strategische Ziele zu gewinnen. Beginnen Sie damit, potenzielle Investoren zu identifizieren, die zu Ihrem Geschäftsmodell, Ihrer Branchenausrichtung und Ihrer Wachstumsphase passen. Berücksichtigen Sie bei der Bewertung potenzieller Investoren Faktoren wie Investitionsgröße, Branchenpräferenzen, geografische Lage und Anlagephilosophie, um sicherzustellen, dass sie gut zu Ihrem Unternehmen passen.

Führen Sie als Nächstes eine gründliche Due-Diligence-Prüfung Ihrer Zielinvestoren durch und recherchieren Sie deren Anlageerfolgsbilanz, Portfoliounternehmen und Anlagethese. Erhalten Sie Einblicke in ihre bisherigen Investitionsentscheidungen, Erfolgsgeschichten und Fachgebiete sowie in etwaige spezifische Präferenzen oder Anforderungen, die sie möglicherweise an potenzielle Investitionen haben.

Mit diesen Informationen können Sie Ihren Geschäftsvorschlag an die Bedürfnisse und Erwartungen Ihrer Zielinvestoren anpassen und dabei hervorheben, wie Ihr Unternehmen mit deren Investitionskriterien übereinstimmt und eine attraktive Gelegenheit für eine Partnerschaft bietet. Passen Sie Ihre Botschaften, Ihr

Wertversprechen und Ihre Anlagebedingungen so an, dass sie ihren Interessen und Prioritäten entsprechen, und zeigen Sie so Ihr Verständnis für ihre Bedürfnisse und Ihr Engagement für die Wertschöpfung.

Indem Sie die Bedürfnisse und Erwartungen der Investoren verstehen, können Sie Ihren Geschäftsvorschlag so anpassen, dass er ihren Interessen und Prioritäten entspricht, und so Ihre Chancen auf Investitionen und den Aufbau erfolgreicher Partnerschaften erhöhen.

4.2 Passen Sie Ihr Angebot an verschiedene Anlegertypen an
Nicht alle Anleger sind gleich – jeder Anlegertyp bringt einzigartige Vorlieben, Fachkenntnisse und Erwartungen mit. Unabhängig davon, ob Sie sich an Risikokapitalgeber, Angel-Investoren, strategische Partner oder Crowdfunding-Unterstützer wenden, ist es wichtig, dass Sie Ihren Vorschlag auf deren spezifische Bedürfnisse und Interessen abstimmen.

Beginnen Sie damit, die Merkmale und Präferenzen verschiedener Anlegertypen zu identifizieren, wie z. B. ihren Anlagefokus, ihre Risikobereitschaft, ihre Renditeerwartungen und ihren Entscheidungsprozess. Verstehen Sie die Motivationen und Ziele, die ihre Investitionsentscheidungen beeinflussen, sei es finanzieller Ertrag, strategische Synergien, Branchenexpertise oder soziale Auswirkungen.

Passen Sie als Nächstes Ihren Geschäftsvorschlag an, um die individuellen Bedürfnisse und Interessen jedes Anlegertyps zu berücksichtigen, und heben Sie die Aspekte Ihres Unternehmens hervor, die für ihn am relevantesten und überzeugendsten sind. Betonen Sie bei Risikokapitalgebern Ihr Wachstumspotenzial, Ihre Skalierbarkeit und Ihre Ausstiegsstrategie. Präsentieren Sie Angel-Investoren Ihr unternehmerisches Team, Ihre Marktchancen und Ihre Traktion. Konzentrieren Sie sich bei strategischen Partnern auf die Synergien, Partnerschaften und den strategischen Wert, den Ihr Unternehmen mit sich bringt.

Passen Sie Ihre Botschaften, Ihr Wertversprechen und Ihre Investitionsbedingungen an die Vorlieben und Prioritäten jedes Anlegertyps an und demonstrieren Sie so Ihre Fähigkeit, Mehrwert zu liefern und ihre Anlageziele zu erreichen. Nutzen Sie branchenspezifische Sprache, Beispiele und Fallstudien, um Glaubwürdigkeit und eine Beziehung zu Investoren aufzubauen und Ihr Verständnis ihrer Branche und Marktdynamik zu demonstrieren.

Indem Sie Ihr Angebot auf verschiedene Anlegertypen zuschneiden, können Sie seine Relevanz und

Attraktivität steigern und so Ihre Chancen auf die Sicherung von Investitionen und den Aufbau erfolgreicher Partnerschaften maximieren, die Wachstum und Wertschöpfung vorantreiben.

4.3 Präsentieren eines starken Wertversprechens und einer Investitionsmöglichkeit

Im Mittelpunkt jedes überzeugenden Geschäftsvorschlags steht ein starkes Wertversprechen und eine Investitionsmöglichkeit, die die Aufmerksamkeit und das Interesse der Anleger weckt. Ihr Wertversprechen kommuniziert die einzigartigen Vorteile, Vorteile und potenziellen Renditen, die Ihr Unternehmen bietet, während Ihre Investitionsmöglichkeit die Bedingungen und Konditionen der Investition darlegt.

Beginnen Sie damit, das Wertversprechen Ihres Unternehmens klar zu formulieren, indem Sie das Problem oder die Chance hervorheben, die Sie ansprechen, die innovative Lösung, die Sie anbieten, und die Vorteile und Vorteile, die Sie Kunden oder Klienten bieten. Definieren Sie klar Ihren Zielmarkt, Ihre Wettbewerbspositionierung und Ihre Differenzierungsstrategie und zeigen Sie, warum Ihr Unternehmen einzigartig positioniert ist, um auf dem Markt erfolgreich zu sein.

Präsentieren Sie als Nächstes eine überzeugende Investitionsmöglichkeit, die den Bedürfnissen und Zielen der Anleger entspricht, und erläutern Sie die Bedingungen und Konditionen der Investition. Definieren Sie klar den Kapitalbetrag, den Sie suchen, das als Gegenleistung angebotene Eigenkapital oder die Beteiligung sowie die potenzielle Kapitalrendite, die Anleger erwarten können.

Geben Sie einen detaillierten Überblick über Ihr Geschäftsmodell, Ihr Umsatzpotenzial und Ihre Wachstumsstrategie und heben Sie die Skalierbarkeit, Rentabilität und das Ausstiegspotenzial Ihres Unternehmens hervor. Integrieren Sie Finanzprognosen, Schlüsselkennzahlen und Leistungsindikatoren, um den Wert und die potenzielle Kapitalrendite für Anleger zu quantifizieren und die Attraktivität und Realisierbarkeit Ihrer Investitionsmöglichkeit zu demonstrieren.

Integrieren Sie visuelle Hilfsmittel wie Diagramme, Grafiken und Infografiken, um wichtige Punkte und Daten zu veranschaulichen und es Anlegern so zu erleichtern, die Investitionsmöglichkeit zu verstehen und zu bewerten. Nutzen Sie überzeugende Geschichten und Beispiele, um Ihr Wertversprechen und Ihre Investitionsmöglichkeit zum Leben zu erwecken und die Fantasie und Begeisterung der Anleger zu wecken.

Indem Sie ein starkes Wertversprechen und eine Investitionsmöglichkeit präsentieren, können Sie die Aufmerksamkeit und das Interesse von Investoren wecken und Vertrauen und Begeisterung für das Potenzial Ihres Unternehmens wecken, Renditen zu erzielen und Werte zu schaffen.

4.4 Erstellen eines überzeugenden Investitionsangebots

Der letzte Schritt bei der Erstellung eines überzeugenden Geschäftsvorschlags besteht darin, einen überzeugenden Investitionsvorschlag zu erstellen, der Ihr Wertversprechen, Ihre Investitionsmöglichkeit und Ihre Vision für die Zukunft effektiv kommuniziert. Unabhängig davon, ob Sie sich persönlich, per E-Mail oder über ein Pitch Deck an Investoren wenden, ist es wichtig, Ihre Botschaft klar, prägnant und überzeugend zu vermitteln.

Beginnen Sie damit, Ihren Pitch anhand einer überzeugenden Erzählung zu strukturieren, die von Anfang an die Aufmerksamkeit und das Interesse der Investoren weckt. Beginnen Sie mit einem Aufhänger oder einer aufmerksamkeitsstarken Eröffnung, die den Rahmen für Ihre Präsentation schafft und die Relevanz und Wichtigkeit Ihrer Geschäftsidee verdeutlicht.

Stellen Sie als Nächstes Ihr Unternehmen und Ihr Wertversprechen vor und formulieren Sie dabei prägnant das Problem oder die Chance, die Sie ansprechen, die innovative Lösung, die Sie anbieten, und die einzigartigen Vorteile und Vorteile, die Sie Ihren Kunden bieten. Definieren Sie klar Ihren Zielmarkt, Ihre Wettbewerbspositionierung und Ihre Differenzierungsstrategie und zeigen Sie, warum Ihr Unternehmen auf Erfolgskurs ist.

Beschreiben Sie Ihre Investitionsmöglichkeit und heben Sie dabei die Bedingungen und Konditionen der Investition sowie die potenzielle Kapitalrendite hervor, die Anleger erwarten können. Formulieren Sie klar und deutlich den Kapitalbetrag, den Sie suchen, die als Gegenleistung angebotene Kapital- oder Eigentumsbeteiligung sowie das potenzielle Aufwärts- und Ausstiegspotenzial der Investition.

Bieten Sie einen umfassenden Überblick über Ihr Geschäftsmodell, Ihr Umsatzpotenzial und Ihre Wachstumsstrategie und beziehen Sie dabei wichtige Kennzahlen, Finanzprognosen und Leistungsindikatoren ein, um den Wert und die potenzielle Kapitalrendite für Investoren zu quantifizieren. Verwenden Sie visuelle Elemente wie Folien oder Präsentationsdecks, um wichtige Punkte und Daten zu veranschaulichen und es

Anlegern so zu erleichtern, die Investitionsmöglichkeit zu verstehen und zu bewerten.

Schließen Sie Ihren Pitch schließlich mit einem Call-to-Action ab, der Investoren dazu einlädt, sich weiter zu engagieren, sei es durch die Vereinbarung eines Folgetreffens, die Anforderung zusätzlicher Informationen oder die Abgabe einer Investitionszusage. Stärken Sie Ihren Enthusiasmus, Ihr Selbstvertrauen und Ihr Engagement für den Erfolg Ihres Unternehmens und sorgen Sie dafür, dass sich Investoren vom Potenzial Ihres Unternehmens begeistern und inspirieren lassen.

Durch die Erstellung eines überzeugenden Investment-Pitches können Sie Ihr Wertversprechen, Ihre Investitionsmöglichkeit und Ihre Vision für die Zukunft effektiv kommunizieren, die Aufmerksamkeit und das Interesse der Investoren wecken und sie zum Handeln inspirieren.

Zusammenfassend lässt sich sagen, dass die Erstellung eines überzeugenden Geschäftsvorschlags ein tiefes Verständnis der Anlegerpräferenzen, eine effektive Kommunikation Ihres Wertversprechens und Ihrer Investitionsmöglichkeit sowie einen überzeugenden Investitionsvorschlag erfordert, der die Fantasie und Begeisterung der Anleger weckt. Indem Sie die in diesem Kapitel beschriebenen Strategien und Techniken befolgen, können Sie einen überzeugenden und überzeugenden Geschäftsvorschlag erstellen, der bei Investoren Anklang findet und den Weg für erfolgreiche Partnerschaften und Wachstum ebnet.

Kapitel fünf

VERBESSERN SIE IHREN GESCHÄFTSPLAN MIT VIRTUELLEN UND ANHÄNGEN

In der Welt der Geschäftsplanung dient ein gut ausgearbeiteter Geschäftsplan als Wegweiser für den Erfolg – ein umfassendes Dokument, das Ihr Geschäftsmodell, Ihre Strategie und Ihre Ziele umreißt. Allerdings kann ein textlastiges Dokument für den Leser überwältigend und schwierig zu verstehen sein. In diesem Kapitel untersuchen wir, wie wichtig es ist, Ihren Geschäftsplan mit Bildern und Anhängen zu verbessern. Wir führen Sie durch den Prozess der Einbindung von Grafiken, Diagrammen und Infografiken, fügen unterstützende Dokumente und Referenzen hinzu und sorgen für Klarheit, Kohärenz und Professionalität.

5.1 Einbindung von Grafiken, Diagrammen und Infografiken

Visuelle Elemente wie Grafiken, Diagramme und Infografiken sind leistungsstarke Werkzeuge, um komplexe Informationen klar und prägnant zu vermitteln. Durch die Integration visueller Hilfsmittel in Ihren Geschäftsplan können Sie die Lesbarkeit, das Verständnis und das Engagement verbessern und es den Lesern erleichtern, Ihr Geschäftsangebot zu verstehen und zu bewerten.

Beginnen Sie damit, wichtige Datenpunkte, Kennzahlen und Trends zu identifizieren, die für das Verständnis Ihres Geschäftsmodells, Ihrer Marktchancen und Ihrer Finanzprognosen von entscheidender Bedeutung sind. Wählen Sie die relevantesten und wirkungsvollsten visuellen Formate wie Balkendiagramme, Liniendiagramme, Kreisdiagramme oder Diagramme, um Ihre Botschaft effektiv zu kommunizieren und wichtige Erkenntnisse hervorzuheben.

Verwenden Sie beispielsweise ein Balkendiagramm, um Umsatzprognosen im Zeitverlauf zu veranschaulichen, ein Kreisdiagramm, um Marktanteile oder -verteilungen zu visualisieren, oder ein Liniendiagramm, um wichtige Leistungsindikatoren oder Markttrends zu verfolgen. Integrieren Sie Farb-, Typografie- und Designelemente, um Klarheit, Lesbarkeit und visuelle Attraktivität zu verbessern und sicherzustellen, dass Ihre Bilder sowohl informativ als auch ästhetisch ansprechend sind.

Erwägen Sie die Verwendung von Infografiken oder visuellen Zusammenfassungen, um komplexe Informationen oder Konzepte in leicht verständliche Formate wie Zeitleisten, Prozessabläufe oder vergleichende Analysen zu bringen. Verwenden Sie Symbole, Illustrationen und Bilder, um das Verständnis und Engagement zu verbessern und visuelle Hinweise und Kontext bereitzustellen, die Ihre Botschaft verstärken.

Integrieren Sie visuelle Elemente strategisch in Ihren Geschäftsplan und nutzen Sie sie, um Ihre Erzählung zu ergänzen und zu verstärken, anstatt sie zu überfordern oder abzulenken. Stellen Sie klare Beschriftungen, Titel und Bildunterschriften bereit, um die Leser durch Ihre Bilder zu führen und sicherzustellen, dass sie die wichtigsten Erkenntnisse und Erkenntnisse verstehen.

Durch die Integration von Grafiken, Diagrammen und Infografiken in Ihren Geschäftsplan können Sie das Verständnis, das Engagement und die Wirkung verbessern und es den Lesern erleichtern, den Kern Ihres Geschäftsvorschlags zu erfassen und dessen Erfolgspotenzial einzuschätzen.

5.2 Hinzufügen von unterstützenden Dokumenten und Referenzen

Während der Hauptteil Ihres Geschäftsplans einen umfassenden Überblick über Ihr Geschäftsvorhaben bietet, verleihen unterstützende Dokumente und Referenzen Ihrer Analyse und Ihren Behauptungen zusätzliche Tiefe, Kontext und Glaubwürdigkeit. Durch die Einbeziehung relevanter Dokumente, Daten und Referenzen können Sie den Lesern den Beweis und die Bestätigung liefern, die sie benötigen, um Ihrem Geschäftsmodell und Ihren Prognosen zu vertrauen.

Identifizieren Sie zunächst die unterstützenden Dokumente und Referenzen, die für Ihr Geschäftsangebot am relevantesten und wirkungsvollsten sind, wie z. B. Marktforschungsberichte, Branchen-Benchmarks, Kundenreferenzen oder Analysen Dritter. Sammeln und organisieren Sie diese Dokumente in einem separaten Abschnitt oder Anhang und gruppieren Sie sie nach Kategorien oder Themen, damit Sie sie leichter nachschlagen können.

Beziehen Sie beispielsweise Marktforschungsberichte, Branchenanalysen und Wettbewerbsbenchmarks ein, um Kontext und Validierung für Ihre Marktchancen und Wettbewerbspositionierung bereitzustellen. Integrieren Sie Finanzberichte, Prognosen und Budgets, um Ihre Umsatzprognosen, Kostenannahmen und Investitionsanforderungen zu unterstützen.

Fügen Sie Erfahrungsberichte, Fallstudien oder Erfolgsgeschichten von zufriedenen Kunden hinzu, um die Wirksamkeit und den Wert Ihrer Produkte oder Dienstleistungen zu demonstrieren. Integrieren Sie Empfehlungen, Partnerschaften oder Kooperationen mit renommierten Organisationen oder Branchenführern, um die Glaubwürdigkeit und Vertrauenswürdigkeit zu erhöhen.

Geben Sie für alle unterstützenden Dokumente und Datenquellen korrekte Zitate, Zuschreibungen und Referenzen an und sorgen Sie so für Transparenz, Genauigkeit und Integrität Ihrer Präsentation. Verwenden Sie Fußnoten, Endnoten oder eine Bibliographie, um Ihre Quellen zu dokumentieren und die Quelle zu würdigen, wo sie angebracht ist, um Plagiate oder falsche Darstellungen von Informationen zu vermeiden.

Indem Sie Ihrem Geschäftsplan unterstützende Dokumente und Referenzen hinzufügen, können Sie den Lesern den Kontext, die Beweise und die Bestätigung liefern, die sie benötigen, um Ihrem Geschäftsvorschlag zu vertrauen und fundierte Entscheidungen zu treffen. Indem Sie die Glaubwürdigkeit und Verlässlichkeit Ihrer Analysen und Behauptungen stärken, können Sie das Vertrauen und die Zustimmung von Investoren, Stakeholdern und Partnern steigern.

5.3 Gewährleistung von Klarheit, Zusammenhalt und Professionalität

Neben der Einbindung von Bildern und Anhängen ist es wichtig, im gesamten Geschäftsplan für Klarheit, Kohärenz und Professionalität zu sorgen. Ein gut organisiertes, ausgefeiltes und professionelles Dokument verbessert nicht nur die Lesbarkeit und das Verständnis, sondern spiegelt auch Ihre Liebe zum Detail, Ihre Professionalität und Ihr Engagement für Spitzenleistungen positiv wider.

Beginnen Sie damit, Ihren Geschäftsplan auf logische und intuitive Weise zu strukturieren und den Inhalt in Abschnitte, Unterabschnitte und Kapitel zu gliedern, die logisch und sequentiell ablaufen. Stellen Sie klare Überschriften, Zwischenüberschriften und Abschnittsumbrüche bereit, um den Leser durch Ihr Dokument zu führen und die Navigation zu erleichtern.

Verwenden Sie eine prägnante, klare und umgangssprachliche Sprache, um Ihre Ideen und Argumente effektiv zu kommunizieren und unnötige Komplexität, Mehrdeutigkeiten oder Fachterminologie zu vermeiden. Definieren Sie alle Fachbegriffe, Akronyme oder Konzepte, die den Lesern möglicherweise unbekannt sind, und sorgen Sie so für Klarheit und Verständnis.

Sorgen Sie für einheitliche Formatierung, Stil und Design in Ihrem gesamten Dokument und nutzen Sie eine professionelle und zusammenhängende visuelle Identität, die Ihre Marke und Botschaft unterstreicht. Wählen Sie eine klare, lesbare Schriftart, eine konsistente Farbpalette und ein Layout, bei dem Klarheit und Lesbarkeit im Vordergrund stehen und Unordnung, Ablenkungen oder unnötige Verzierungen vermieden werden.

Lesen Sie Ihren Geschäftsplan sorgfältig Korrektur, um Fehler, Tippfehler oder Inkonsistenzen in Rechtschreibung, Grammatik, Zeichensetzung oder Formatierung zu beseitigen. Überprüfen Sie jeden Abschnitt und Unterabschnitt auf Richtigkeit, Vollständigkeit und Kohärenz und stellen Sie sicher, dass alle Informationen aktuell und relevant sind und mit Ihrer Gesamterzählung und Ihren Zielen übereinstimmen.

Holen Sie Feedback von vertrauenswürdigen Beratern, Mentoren oder Kollegen ein, um Ihren Geschäftsplan objektiv zu überprüfen und konstruktive Kritik und Verbesserungsvorschläge zu liefern. Erwägen Sie die Beauftragung eines professionellen Lektors oder

Korrektors, der Ihr Dokument aufpoliert und sicherstellt, dass es den höchsten Ansprüchen an Qualität und Professionalität entspricht.

Indem Sie in Ihrem gesamten Geschäftsplan für Klarheit, Kohärenz und Professionalität sorgen, können Sie die Lesbarkeit, das Verständnis und die Glaubwürdigkeit verbessern und so die Erfolgswahrscheinlichkeit bei der Sicherung von Investitionen, Partnerschaften oder anderen Möglichkeiten erhöhen. Indem Sie sich und Ihr Unternehmen im besten Licht präsentieren, können Sie Selbstvertrauen und Vertrauen in Ihre Fähigkeiten und Ihr Erfolgspotenzial wecken.

Zusammenfassend lässt sich sagen, dass die Verbesserung Ihres Geschäftsplans mit Bildern und Anhängen von entscheidender Bedeutung ist, um die Lesbarkeit, das Verständnis und das Engagement zu verbessern und gleichzeitig Klarheit, Kohärenz und Professionalität im gesamten Dokument sicherzustellen. Durch die Einbindung von Grafiken, Diagrammen und Infografiken, das Hinzufügen unterstützender Dokumente und Referenzen sowie die Sicherstellung von Klarheit, Kohärenz und Professionalität können Sie einen überzeugenden und überzeugenden Geschäftsplan erstellen, der bei Investoren, Stakeholdern und Partnern Anklang findet und den Weg für Erfolg und Wachstum ebnet.

Kapitel sechs

Verfeinern Sie Ihren Geschäftsplan: Tipps für den Erfolg

Auf dem Weg zum Unternehmertum dient ein gut ausgearbeiteter Geschäftsplan als Leitfaden – ein strategischer Entwurf, der Ihre Vision, Ziele und den Fahrplan für den Erfolg umreißt. Allerdings ist die Erstellung eines Businessplans kein einmaliges Unterfangen; Es erfordert eine kontinuierliche Verfeinerung, Iteration und Anpassung, um Veränderungen in Ihrem Unternehmen, der Marktdynamik und den strategischen Prioritäten widerzuspiegeln. In diesem Kapitel befassen wir uns mit wichtigen Tipps und Strategien zur Verfeinerung Ihres Geschäftsplans, einschließlich der Einholung von Feedback und der Wiederholung, der Durchführung von Überarbeitungen und Aktualisierungen sowie der Prüfung und Korrektur auf Genauigkeit und Konsistenz.

6.1 Einholen von Feedback und Iterieren Ihres Plans

Einer der wichtigsten Schritte bei der Verfeinerung Ihres Geschäftsplans besteht darin, Feedback von vertrauenswürdigen Beratern, Mentoren und Stakeholdern einzuholen und deren Erkenntnisse und Vorschläge in Ihren Plan einzubeziehen. Externes Feedback liefert wertvolle Perspektiven, identifiziert blinde Flecken und hinterfragt Annahmen. So können Sie Ihren Plan stärken und seine Erfolgschancen erhöhen.

Beginnen Sie damit, eine vielfältige Gruppe von Stakeholdern zu identifizieren, die Feedback zu Ihrem Geschäftsplan geben sollen, darunter Branchenexperten, potenzielle Kunden, Investoren und Kollegen. Wählen Sie Personen aus, die relevante Fachkenntnisse, Erfahrungen und Perspektiven bieten können, die mit Ihren Geschäftszielen und -vorgaben übereinstimmen.

Teilen Sie Ihren Geschäftsplan mit Stakeholdern und holen Sie deren Feedback durch strukturierte Diskussionen, Umfragen oder Fokusgruppen ein. Ermutigen Sie zu ehrlichem und konstruktivem Feedback, indem Sie spezifische Fragen zu Schlüsselelementen Ihres Plans stellen, wie z. B. Ihrem Wertversprechen, Ihren Marktchancen, Ihrer Wettbewerbspositionierung und Ihren Finanzprognosen.

Hören Sie aktiv auf Feedback, erkennen Sie Verbesserungsmöglichkeiten an und stellen Sie klärende Fragen, um tiefere Einblicke in die Perspektiven der Stakeholder zu gewinnen. Seien Sie aufgeschlossen und empfänglich für Kritik und betrachten Sie Feedback als Chance für Wachstum und Lernen und nicht als Beurteilung Ihrer Ideen oder Fähigkeiten.

Sobald Sie Feedback gesammelt haben, analysieren Sie die Erkenntnisse und Vorschläge der Stakeholder und identifizieren Sie gemeinsame Themen, Trends und Verbesserungsbereiche. Nutzen Sie dieses Feedback, um Ihren Geschäftsplan zu überarbeiten und zu verfeinern und Anpassungen vorzunehmen, um Bedenken auszuräumen, Schwächen zu stärken und Chancen zu nutzen.

Iterieren Sie Ihren Plan systematisch, überarbeiten und aktualisieren Sie Abschnitte auf der Grundlage von Feedback und neuen Informationen und stellen Sie gleichzeitig Kohärenz und Konsistenz im gesamten Dokument sicher. Kommunizieren Sie Änderungen und Aktualisierungen transparent an die Stakeholder und demonstrieren Sie so Ihre Reaktionsfähigkeit und Ihr Engagement für kontinuierliche Verbesserungen.

Indem Sie Feedback einholen und Ihren Geschäftsplan schrittweise verfeinern, können Sie das kollektive Wissen und die Erkenntnisse aller Beteiligten nutzen, um Ihren Plan zu stärken und seine Erfolgschancen auf dem Markt zu erhöhen.

6.2 Durchführung von Revisionen und Updates

Neben der Einholung von Feedback und der Wiederholung ist es wichtig, Ihren Geschäftsplan regelmäßig zu überarbeiten und zu aktualisieren, um Änderungen in Ihrem Unternehmen, der Marktdynamik und den strategischen Prioritäten widerzuspiegeln. Ein dynamischer und anpassungsfähiger Geschäftsplan dient als lebendiges Dokument, das sich mit Ihrem Unternehmen weiterentwickelt und auf externe Veränderungen und Chancen reagiert.

Planen Sie regelmäßige Überprüfungen Ihres Geschäftsplans ein, z. B. vierteljährliche oder halbjährliche Bewertungen, um dessen Wirksamkeit, Relevanz und Übereinstimmung mit Ihren Geschäftszielen zu bewerten. Machen Sie eine Bestandsaufnahme der jüngsten Entwicklungen, Erfolge und Herausforderungen sowie der Veränderungen im Wettbewerbsumfeld, im regulatorischen Umfeld oder in Branchentrends.

Führen Sie eine gründliche Überprüfung jedes Abschnitts Ihres Geschäftsplans durch, beurteilen Sie dessen Genauigkeit, Vollständigkeit und Kohärenz und identifizieren Sie gleichzeitig Bereiche für Verbesserungen oder Aktualisierungen. Aktualisieren Sie wichtige Kennzahlen, Finanzprognosen und Leistungsindikatoren, um aktuelle Daten, Trends und

Erkenntnisse widerzuspiegeln und sicherzustellen, dass Ihr Plan relevant und glaubwürdig bleibt.

Erwägen Sie die Durchführung einer Szenarioplanung oder Sensitivitätsanalyse, um die potenziellen Auswirkungen unterschiedlicher Marktbedingungen, Risiken oder strategischer Entscheidungen auf Ihr Geschäftsmodell und Ihre Finanzprognosen zu bewerten. Bewerten Sie alternative Strategien, Eventualitäten oder Pivot-Optionen, um Risiken zu mindern und Chancen in einem sich entwickelnden Markt zu nutzen.

Binden Sie wichtige Stakeholder in den Überarbeitungsprozess ein und holen Sie deren Input, Perspektiven und Fachwissen ein, um die Übereinstimmung und Zustimmung zu Ihrem aktualisierten Plan sicherzustellen. Kommunizieren Sie Änderungen und Aktualisierungen transparent, geben Sie Begründung und Kontext für Überarbeitungen an und demonstrieren Sie Ihr Engagement für Anpassungsfähigkeit und Reaktionsfähigkeit.

Durch regelmäßige Überarbeitungen und Aktualisierungen Ihres Geschäftsplans können Sie sicherstellen, dass er ein relevantes, genaues und umsetzbares Instrument bleibt, um Ihr Unternehmen in einem dynamischen und sich ständig verändernden Umfeld voranzubringen.

6.3 Überprüfung und Korrekturlesen auf Genauigkeit und Konsistenz

Schließlich ist es vor der Fertigstellung Ihres Geschäftsplans wichtig, ihn sorgfältig auf Genauigkeit, Konsistenz und Professionalität zu prüfen und Korrektur zu lesen. Ein ausgefeiltes und fehlerfreies Dokument steigert nicht nur Glaubwürdigkeit und Vertrauen, sondern spiegelt auch Ihre Liebe zum Detail, Ihre Professionalität und Ihr Engagement für Spitzenleistungen positiv wider.

Beginnen Sie damit, jeden Abschnitt Ihres Geschäftsplans systematisch zu überprüfen und auf Richtigkeit, Vollständigkeit und Kohärenz zu prüfen und gleichzeitig auf Konsistenz in Formatierung, Stil und Design zu achten. Stellen Sie sicher, dass alle Informationen, Daten und Zahlen aktuell und relevant sind und mit Ihrer Gesamterzählung und Ihren Zielen übereinstimmen.

Lesen Sie Ihren Geschäftsplan sorgfältig Korrektur, um Fehler, Tippfehler oder Inkonsistenzen in Rechtschreibung, Grammatik, Zeichensetzung oder Formatierung zu beseitigen. Verwenden Sie Rechtschreib- und Grammatikprüfungen sowie manuelle Überprüfungen, um eventuell übersehene Fehler oder Versäumnisse zu erkennen.

Achten Sie auf Details und stellen Sie sicher, dass alle Diagramme, Grafiken, Tabellen und Grafiken korrekt beschriftet, betitelt und referenziert sind und dass alle Zitate, Zuschreibungen und Referenzen korrekt und richtig formatiert sind. Überprüfen Sie die Konsistenz von Terminologie, Akronymen und Maßeinheiten und sorgen Sie so für Klarheit und Präzision in Ihrer Kommunikation.

Beauftragen Sie einen Kollegen, einen Mentor oder einen professionellen Redakteur mit neuen Augen, um Ihren Geschäftsplan objektiv zu überprüfen, um Feedback zu geben und etwaige Fehler oder Inkonsistenzen zu erkennen, die Ihnen möglicherweise entgangen sind. Erwägen Sie die Durchführung einer Abschlussbesprechung oder Präsentation vor den Stakeholdern, um die Ausrichtung und Zustimmung zu Ihrem Plan sicherzustellen, bevor Sie ihn finalisieren.

Indem Sie Ihren Geschäftsplan auf Genauigkeit und Konsistenz prüfen und Korrektur lesen, können Sie sicherstellen, dass er den höchsten Qualitäts- und Professionalitätsstandards entspricht und seine Glaubwürdigkeit, Wirkung und Wirksamkeit als strategisches Instrument zur Führung Ihres Unternehmens steigert.

Zusammenfassend lässt sich sagen, dass die Verfeinerung Ihres Geschäftsplans einen systematischen

Ansatz zur Einholung von Feedback und Wiederholung, zur Durchführung regelmäßiger Überarbeitungen und Aktualisierungen sowie zur Überprüfung und zum Korrekturlesen auf Genauigkeit und Konsistenz erfordert. Indem Sie diese Tipps und Strategien befolgen, können Sie sicherstellen, dass Ihr Geschäftsplan relevant, glaubwürdig und umsetzbar bleibt und Ihr Unternehmen in einem dynamischen und sich ständig verändernden Markt erfolgreich positioniert.

Abschluss

Den Deal abschließen und den Anlageerfolg sichern

Am Ende dieses Leitfadens ist es wichtig, über die Reise nachzudenken, die wir gemeinsam eingeschlagen haben – die Reise der Ausarbeitung eines überzeugenden Geschäftsplans und -vorschlags, der die Aufmerksamkeit und Unterstützung der Investoren auf sich zieht. In diesem Buch haben wir uns mit den Feinheiten der Geschäftsplanung befasst, die wesentlichen Elemente eines erfolgreichen Plans untersucht und praktische Tipps und Strategien für die Erstellung eines Dokuments gegeben, das sich im Wettbewerbsumfeld von der Masse abhebt.

Das Verfassen eines Geschäftsplans und -vorschlags ist nicht nur eine Übung in der Dokumentation; Es handelt sich um ein strategisches Unterfangen, das sorgfältige Überlegungen, Recherchen und Vorbereitungen erfordert. Indem Sie die Schritt-für-Schritt-Anleitungen in diesem Buch befolgen, haben Sie die Werkzeuge und Erkenntnisse erhalten, die Sie benötigen, um Ihre Vision zu formulieren, Ihr Wertversprechen zu definieren und

Ihre Geschäftsmöglichkeit klar, überzeugend und überzeugend zu präsentieren.

Im ersten Kapitel haben wir betont, wie wichtig es ist, den Zweck und die Vorteile eines Geschäftsplans zu verstehen, und seine Rolle als Wegweiser für den Erfolg und als Kommunikationsinstrument für die Einbindung von Stakeholdern hervorgehoben. Wir haben darüber gesprochen, wie wichtig es ist, klare Ziele zu setzen, wichtige Stakeholder und Zielgruppen zu identifizieren und Ihren Plan an den Bedürfnissen und Erwartungen der Investoren auszurichten.

In den folgenden Kapiteln haben wir die wesentlichen Komponenten eines umfassenden Geschäftsplans untersucht, von Marktforschung und -analyse bis hin zu Finanzprognosen und Risikomanagement. Wir haben darüber gesprochen, wie wichtig es ist, eine überzeugende Zusammenfassung zu erstellen, die Marktchancen und das potenzielle Wachstum aufzuzeigen und Ihren Vorschlag auf verschiedene Anlegertypen zuzuschneiden. Wir haben praktische Tipps zur Verbesserung Ihres Plans mit Bildern und Anhängen bereitgestellt und so für Klarheit, Kohärenz und Professionalität gesorgt.

Wir haben auch darauf hingewiesen, wie wichtig es ist, Feedback einzuholen und Ihren Plan zu wiederholen, regelmäßige Überarbeitungen und Aktualisierungen durchzuführen sowie ihn auf Genauigkeit und Konsistenz zu überprüfen und Korrektur zu lesen. Indem Sie Stakeholder einbeziehen, ihre Beiträge einholen und ihre Erkenntnisse einbeziehen, haben Sie Ihren Plan gestärkt und seine Erfolgschancen auf dem Markt erhöht.

Wenn Sie sich nun darauf vorbereiten, Ihren Geschäftsplan und Ihr Angebot potenziellen Investoren vorzustellen, ist es wichtig, den Prozess mit Zuversicht, Professionalität und Vorbereitung anzugehen. Denken Sie daran, Ihren Pitch auf die spezifischen Bedürfnisse und Vorlieben jedes Investors abzustimmen und dabei Ihr einzigartiges Wertversprechen, Ihre Marktchancen und Ihren Wettbewerbsvorteil hervorzuheben.

Heben Sie Ihre wichtigsten Erfolge und Meilensteine hervor, präsentieren Sie das Fachwissen und die Erfolgsbilanz Ihres Teams und demonstrieren Sie ein tiefes Verständnis Ihres Zielmarkts, Ihrer Kundenbedürfnisse und Branchentrends. Verwenden Sie Bilder, Anekdoten und Beispiele aus dem wirklichen Leben, um Ihre Geschichte zum Leben zu erwecken und die Fantasie Ihres Publikums anzuregen.
Seien Sie darauf vorbereitet, Fragen und Einwände selbstbewusst und klar anzusprechen und zeigen Sie so Ihre Bereitschaft, Herausforderungen zu meistern und Chancen zu nutzen. Zeigen Sie den Anlegern, dass Sie

über einen klaren Plan für die Umsetzung, eine realistische Einschätzung von Risiken und Eventualitäten und die Verpflichtung verfügen, Ergebnisse zu liefern und Renditen für ihre Investition zu erwirtschaften.

Gehen Sie vor allem mit Authentizität, Leidenschaft und Begeisterung für Ihre Geschäftsidee und Vision an den Investoren-Pitch heran. Anleger suchen nicht nur nach einer guten Investitionsmöglichkeit; Sie suchen Unternehmer, die engagiert, belastbar und erfolgsorientiert sind. Indem Sie diese Eigenschaften verkörpern und Ihren Businessplan mit Überzeugung und Charisma präsentieren, können Sie Vertrauen in Ihre Fähigkeit wecken, Ergebnisse zu liefern und den Investitionserfolg zu sichern.

Wenn Sie diese nächste Phase Ihrer unternehmerischen Reise beginnen, denken Sie daran, dass das Verfassen eines Geschäftsplans und eines Vorschlags nur der Anfang ist. Die eigentliche Arbeit besteht darin, Ihren Plan umzusetzen, Ihr Geschäft aufzubauen und Ihre Versprechen gegenüber Investoren und Stakeholdern einzulösen. Mit Engagement, Ausdauer und einem gut ausgearbeiteten Plan als Leitfaden haben Sie das Potenzial, Ihre Vision in die Realität umzusetzen und Erfolge zu erzielen, die Ihre kühnsten Träume übertreffen.

Gehen Sie also mit Zuversicht voran, nutzen Sie die Chancen, die vor Ihnen liegen, und hinterlassen Sie Ihren Eindruck in der Welt. Die Reise mag manchmal herausfordernd sein, aber mit dem richtigen Plan und der richtigen Einstellung sind die Möglichkeiten endlos. Auf Ihren Erfolg, Ihr Wachstum und Ihre Zukunft als Unternehmer.

Denken Sie daran, dass die Reise von tausend Meilen mit einem einzigen Schritt beginnt – und Ihre Reise zum Investitionserfolg beginnt jetzt. Geh hinaus und erobere!

www.ingramcontent.com/pod-product-compliance
Lightning Source LLC
Chambersburg PA
CBHW070412230526
45471CB00006B/2776